Manchmal wünschte ich, ich wäre eine Malerin
Bilder würden meine Träume zeigen,
manchmal wünschte ich, ich wäre eine Musikerin
Lieder würden meine Gefühle ausdrücken,
doch ich bin nur eine Schreiberin und Sprecherin
und lasse Worte aus Tinte über alles reden

Die Welt ist...

voller Glückseligkeiten
voller Streitigkeiten
voller Zweisamkeiten
voller Einsamkeiten
voller Zärtlichkeiten
voller Grausamkeiten
voller Kühnheiten
voller Trägheiten
voller guter Zeiten
voller Traurigkeiten
voller Wahrheiten
voller Gemeinheiten
voller Gleichheiten
voller Feindseligkeiten
voller Schönheiten
voller Unreinheiten
einfach voller Möglichkeiten
die uns tagtäglich begleiten

Schranken

Die Gesellschaft dir Schranken setzt
die Wut dich in die Ecke hetzt
nirgends ein Ausweg zu sehen
es hilft kein Bitten und Flehen
musst nach ihren Regeln spielen
keine Chance mit ihr zu dealen
musst dein Individuum begraben
sonst werden sie dich verjagen
aus ihrer scheinheiligen Welt
die dich fortwährend grausam quält
du möchtest weg um zu träumen
den Absprung nicht zu versäumen
du weißt, dann bist du ganz allein
wirst aber ohne Schranken sein
Angst und Feigheit hält dich zurück
Schritt ins Verderbnis oder Glück?
Nicht mehr in der Ecke stehen
raus, um dich selbst zu verstehen
durchbrichst alle ihre Schranken
allein durch deine Gedanken
sie wollen dich herumkriegen
beschwören: Du kannst nicht fliegen
droh'n mit Trauer und Einsamkeit
ist wirklich niemand weit und breit
bist du mit deinem Wunsch allein
frei und ohne Schranken zu sein?

Lebenssinn

Im Namen der Gerechtigkeit
die sich auferlegt das Leid
im Namen des starken Glaubens
der sich voll annimmt des Grauens
im Namen der Revolution
die wünscht die Konfrontation
im Namen der Heldentaten
denen and're Lob erstatten
im Namen der Aufklärung
die liebt die Erneuerung
im Namen der wahren Liebe
die vergibt jegliche Hiebe
im Namen der guten Wohlfahrt
die sich selbst vollends offenbart
im Namen des Lebenssinns
gib nicht auf, sondern dich hin
deinen Träumen ganz allein
dem Wege zum Glücklichsein

Und eines Tages, ganz gewiss
bist du dort und fühlst dich mies
weil der Mensch ewig danach trachtet
nach dem einen, das er verachtet
Erfahrungen sammeln immerzu
welche stehlen die innere Ruh´

Inneres Brennen

Spür ein inneres Brennen
wieder einmal zu trennen
mehr als eine neue Chance
doch wie in magischer Trance
keine Gefühle zeigen
verbunden nur durch Schweigen
kurz und stark aufbegehren
dann es wieder verwehren
gleiche Sehnsucht verbindet
der Schmerz kurz verschwindet
durch Suchen sich verbünden
der Welt alles verkünden
doch in dieser Realität
jeder nun im Abseits steht
unfähig zu begreifen
gemeinsam zuzugreifen
nach den Sternen hoch oben
das Leben einfach zu loben
lieber Gefühle verdrehen
als Geschwisterliebe sehen
wieder einmal sich trennen
für das innere Brennen
Schmerz wird leichter ertragen
als Glück je zu erfahren.

Depressionsablagekammer

Hast dich tausendmal von mir entfernt
diesmal habe ich dazu gelernt
denn es ist das allerletzte Mal
dass du mir zufügst solch große Qual
Elefant im Porzellanladen
ohne Rücksicht auf einen Schaden
vor lauter egoistischen Schmerzen
merkst nicht was vorgeht in meinem Herzen
doch jetzt kann und will ich nicht mehr
denn mein Geduldsbeutel ist leer
such´ dir ´ne neue Freundschaftsklammer
mit Depressionsablagekammer

Falsch oder Richtig

Ob Zufall, Schicksal oder Gottes Rache
das Leben ist eine Einstellungssache
ist es für dich mühsam, anstrengend und schwer
heißt deine Devise: „Das Glas ist halb leer"
ist es für dich locker, unbeschwert und toll
dann lautet dein Glaube: „Das Glas ist halb voll!"
alle, die auf der leeren Seite gehen
mögen nun das Volle als falsch verstehen
alle, die sich für volle Seiten entscheiden
mögen das Leere als richtig vermeiden

Darum die wahre Moral dieses Gedicht's:
Falsch oder richtig bringt hier wirklich nichts
jede Einstellung ist individuell
wechselt die Seite, mal langsam, mal schnell
richtig wird zu falsch, falsch wird zu richtig
deshalb ist nur die Einstellung wichtig!

Vergebens geliebt

Das Innerste offenbart
die Wahrheit ist wahrlich hart
deine Wesenheit gezeigt
dein Gegenüber nur schweigt
der Schmerz dich bitter erfüllt
dich mit mehr Sehnsucht umhüllt
das Verständnis zu finden
in Liebe zu verschwinden
die dich noch am Leben hält
und gleichzeitig grausam quält
du bist stolz auf dein Gefühl
auch wenn's andere lässt kühl
diese Wärme in dir bleibt
ist nun völlig einverleibt
hilft dir alles zu überstehen
um morgens weiter zu gehen

Frei sein

Ich bin nun frei
von allerlei
nichts mehr steht
Mauern verweht
ohne berühren
öffnen Türen
vor mir ganz weit
pure Freiheit
einfach schweben
geistig streben
hinaus ins Land,
gib mir die Hand
ich zeige dir
dies jetzt und hier

Verkanntes Ziel

Das Ziel ist nun vollendet erreicht
der Moment noch viel schneller verstreicht
der Applaus dir wahnsinnig schmeichelt
das Ego auf und ab kurz streichelt
Komplimente von jeder Seite
Anerkennung Länge mal Breite
wahre Freundschaft nur vorgegaukelt
Gefühle hin- und hergeschaukelt
keine wärmende Güte dahinter
frostig wie der eisige Winter
lächeln sie jetzt zu dir hinüber
du weißt, du stehst wirklich darüber
doch es stellt sich Traurigkeit ein
du bist wieder einmal allein
keiner sagt dir ehrlich die Wahrheit
niemand vertritt die gewisse Klarheit
die du tausendmal hast erbeten
möchtest gerne, dass sie es täten
doch sie ignorieren dein Wesen
das war nicht dein Ziel gewesen

Menschenplagen

Hör die schönen Vogelstimmen laut
spür den zarten Wind auf meiner Haut
seh das weite, große Meer vor mir
dann wieder diese Menschengier

hör die süße Musik ganz leise
spür Tierwärme an meiner Seite
seh den ganzen Himmel blau und weit
dann wieder diesen Menschenneid

hör Menschen nette Dinge sagen
spür ein Risiko nun zu wagen
seh die Träume, die ich fast vergaß
dann wieder diesen Menschenhass

hör so liebliche Worte von dir
spür deine Hand beschützend auf mir
seh, wie ich mit dir fröhlich lache
dann wieder diese Menschenrache

hör viele Stimmen, die mich fragen
spür die Gefühle, die mich plagen
seh, wie ich das Leben begehre
dann wieder diese große Leere

Kreislauf der Natur

Dies ist der Kreislauf der Natur
von Mitgefühl keinerlei Spur
was auch geschenkt wird an Leben
nimmt er ohne zu vergeben
die Kraft, Leben zu gebären
ist auch dieselbe zu sterben
fast wie ein Kreislauf des Grauens
oder eine Frage des Glaubens
seit Tausend Jahren vergebens
suchen wir den Sinn des Lebens
keine Antwort ist in naher Sicht
nur Trauer in jedem Gesicht
wo ist die Freude geblieben
das Versprechen voll zu lieben
das Leben an sich zu ehren
keinen Schmerz hier zu verwehren
doch nichts lindert diesen Schmerz
ist Trost für das traurige Herz
das Leben geht einfach weiter
ob trübselig oder heiter
dies ist der Kreislauf der Natur
von Mitgefühl keinerlei Spur
darum lasst es einander geben
um in Liebe weiterzuleben
um es den Jüngeren zu lehren
was Naturgesetze uns verwehren

Tränen der Sehnsucht

Die Tränen der Sehnsucht
unterdrücken versucht
doch wie ein Verlangen
laufen sie über Wangen
hinterlassen Spuren
auf den Gesichtskonturen
zurück bleibt ein Gefühl
trübselig, feucht und kühl
das Herz ist ausgebrannt
Tränen nach außen verbannt
um Schmerzen zu verlieren
die das Innere beirren
Erleichterung gesucht
durch Tränen der Sehnsucht
gefunden nur ein Stück
vom großen, wahren Glück
Tausendmal nachgedacht
Erkenntnis davon gemacht
nichts in dir hat sich befreit
die nächste Träne ist bereit

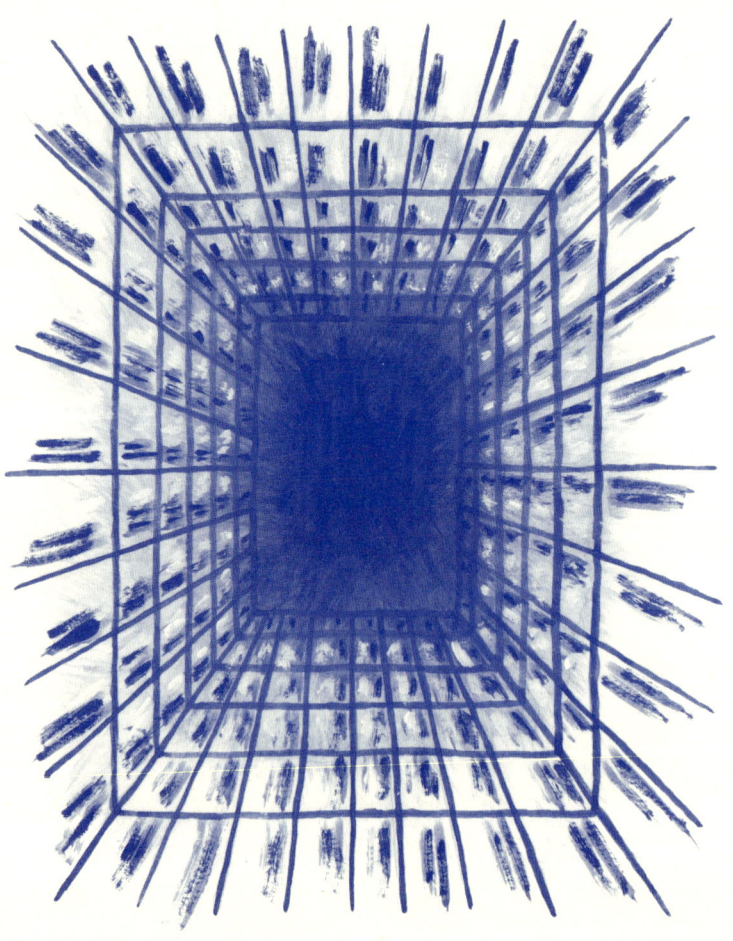

Goldener Käfig

Warum ist es für dich wichtig
dass ich leben soll ganz richtig
deine Vorstellung zählt hier nur
meine Wünsche gar keine Spur
was dir so lebenswert erscheint
ist mein größter Lebensfeind
du siehst Freiheit als Bedrohung
für mich ist sie die Belohnung
gewachsen aus dem Verständnis
stärker als jedes Gefängnis
doch du brauchst solch starke Mauern
ignorierst sogar mein Schauern
suchst Halt im goldenen Käfig
verzeih, dazu bin ich nicht fähig
denn die Freiheit ist die Tendenz
zur ewig dauernden Existenz
diese wohnt tief in mir drinnen
da gibt's für mich kein Entrinnen
versuch' mich nicht einzuschränken
ich würde nur daran denken
wegzulaufen, hinaus, ganz weit
einfach weg, weg in die Freiheit

Die Menschheit

Der Mensch stets seinesgleichen sucht
damit dies sein Inneres betucht
geteiltes Leid ist halbes Leid
auch wenn der Freund ist voller Neid
das Glück währt nicht lange genug
wenn doch, dann scheint es als Betrug
Menschheit sucht den Sinn des Lebens
seit Tausend Jahren vergebens
tief im Inneren wohl wissend
die Sehnsucht macht verdrießend
kein Zugang zum reichen Potential
obwohl es ist ganz universal
keiner will es wirklich finden
alles würde sich verbinden
Schicksal Mensch würde dann enden
denn es wäre in seinen Händen

Keine Antwort

Keine Antwort
komm nicht mehr fort
Zweifel plagen
viele Fragen
kein ja, kein nein
soll es aus sein?

Keine Antwort
komm nicht mehr fort
Hoffnung verlässt
Gefühl sitzt fest
keine Bindung
ist Bedingung?

Gib mir Antwort
denn ich will fort

Blind

Blind für das wirkliche Leben
lieber viel nehmen als geben
die Gefühle sind nichts mehr wert
die Logik wird dafür verstärkt
echte Hilfe wird untersagt
dafür ist das Mitleid gefragt
kann es einfach nicht verstehen
dass keiner will mit mir gehen
diesen Weg in die Ewigkeit
um zu finden Zufriedenheit
die verspricht diese Harmonie
wie eine selige Melodie
darum bin ich voll Traurigkeit
suchend mehr als nach Zweisamkeit
wissend das Gefühl wird siegen
komm mit mir – wir können fliegen!

Ausgebrannt

Versuche die Menschen zu verstehen
jedoch ohne Lügen weiterzugehen
versuche die Schranken aufzubrechen
jedoch ohne Schwäche auszustechen
versuche Philanthropie zu geben
jedoch ohne ein Mitleid zu leben
versuche die Wahrheit zu finden
jedoch ohne in ihr zu verschwinden
versuche den Leuten Mut zu machen
jedoch ohne sie dabei auszulachen
versuche mögliche Wege zu zeigen
jedoch ohne mich willenlos zu neigen
will nicht auf negative Worte hören
die nur jegliche Hoffnung zerstören
mein Ideal blieb so lange unerkannt
deshalb fühle ich mich ausgebrannt

Verkauft

Du würdest deine Seele immer wieder verkaufen
vor so einem Menschen möchte ich nur weglaufen
unsere Missverständnisse sind mir nun sonnenklar
auch wenn die Einsicht ist gar nicht wunderbar
dein Denken hast du einfach auf mich übertragen
hast Betrug vorausgesetzt ohne mich zu fragen
und ich habe dir meine helfende Hand hingestreckt
habe Gefühle und Bedürfnisse zurückgesteckt
hielt am gemeinsamen Traum fest wie ein kleines Kind
naiv vertrauend und für die Wahrheit vollends blind
habe die Zeichen bewusst, fast gewollt übersehen
wollte deine Intrigen einfach nicht verstehen
jedoch meine Seele werde ich niemals verkaufen
dadurch bin ich jetzt stark, um nicht vor dir wegzulaufen

Achte auf die Gedanken und Glaubenssätze eines
Menschen, denn genauso wird er Dich einschätzen –
egal ob du so bist oder nichtt

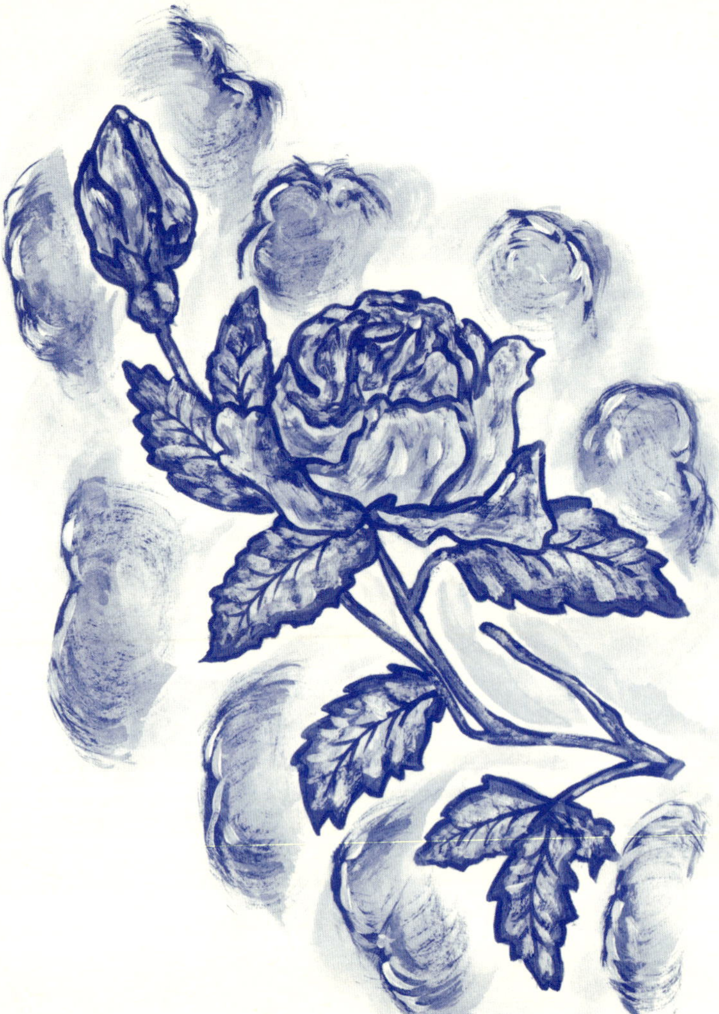

Gefühle

Egal welches Gefühl
nass, warm oder auch kühl
Tränen, Liebe und Hass
sind das Maß mit Verlass
um Leben zu messen
Reales zu vergessen
Augenblicke zählen
wenn Gefühle quälen
keine Kraft auf Erden
ist so stark im Werden
gibt dem Sein das Leben
wonach alle streben
um sich selbst zu finden
bevor wir verschwinden
in der Unendlichkeit
dem Teil der Ewigkeit

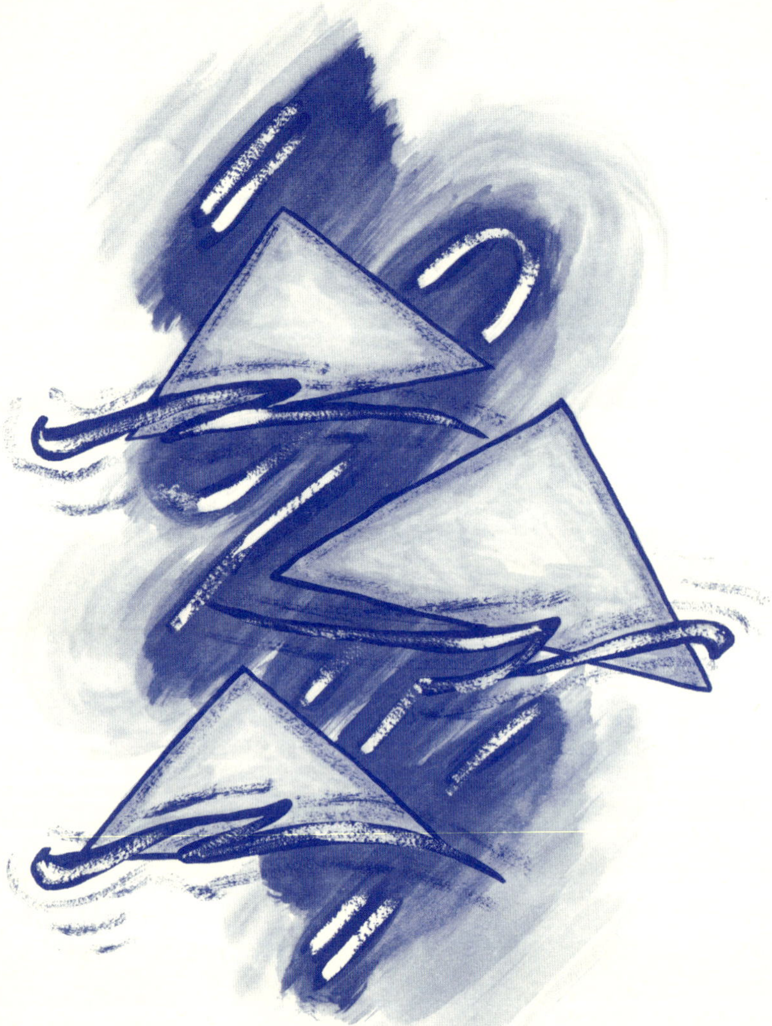

Gegen den Strom

Die Welle der Gemeinschaft
dich gewaltig weit hinwegrafft
in eine Richtung hinaus
für dich der blanke Graus
gegen den Strom schwimmen
höhere Ziele erklimmen
doch die Kraft nicht mehr ausreicht
auszusteigen ist nicht leicht
aus diesem tosenden Wall
aber du hast keine Wahl
suchst einen Fels als Sprungbrett
neu anzufangen wäre nett
Gefahr zwingt fast zum Aufgeben
aufzuschlagen kostet das Leben

Du hast es wirklich geschafft
hast dich wahrlich aufgerafft
Mut und Wagnis dich tragen
welchen Sprung sollst du wagen?
Zurück oder zur Seite streben?
Egal, du willst nur überleben!

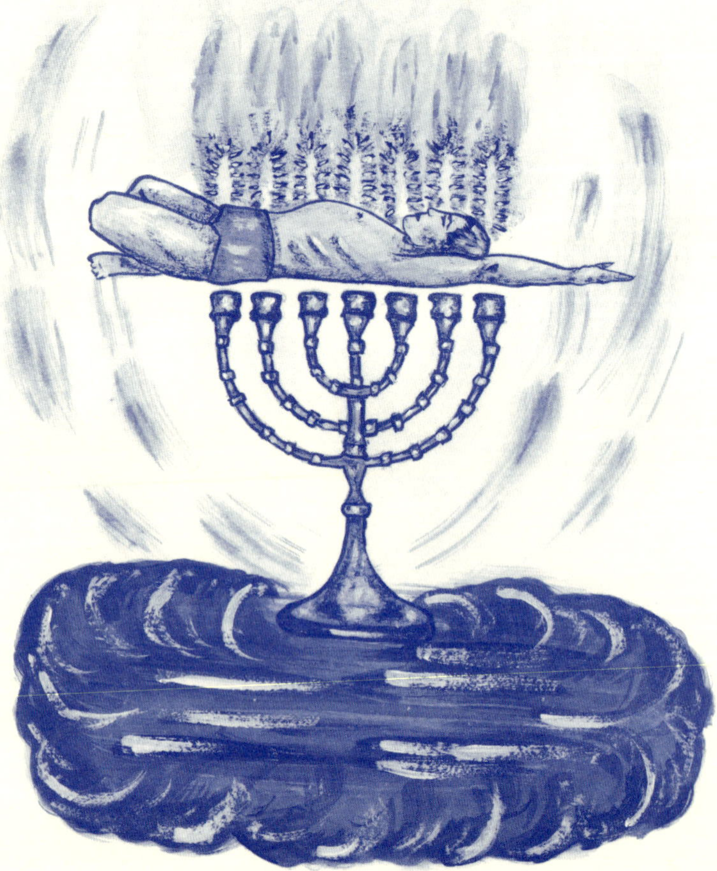

Sterbetag

So weit, weit weg, scheint dieser eine, dunkle Morgen
als du zurückließest all die irdischen Sorgen
doch deine Krankheit und der Tod in Deinem Gesicht
sind noch vor meinen geschlossenen Augen in Sicht
deine letzten Worte: „Ich lebe in dir weiter."
sind zwar wahrer Trost und stimmen mich manchmal heiter
doch dich wirklich weiterziehen und loszulassen
ich versuch's, mögen mich andere dafür hassen
dein Dasein währt durch meine Erinnerung ewig
doch zu mehr bin ich mit meinem Verstand nicht fähig
und dies ruft unendliche Trauer in mir hervor
was bin ich nur für ein dummer, irdischer Tor
blind und taub für's wirkliche, unsterbliche Leben
oft zweifelnd, doch niemals aufgebend danach zu streben

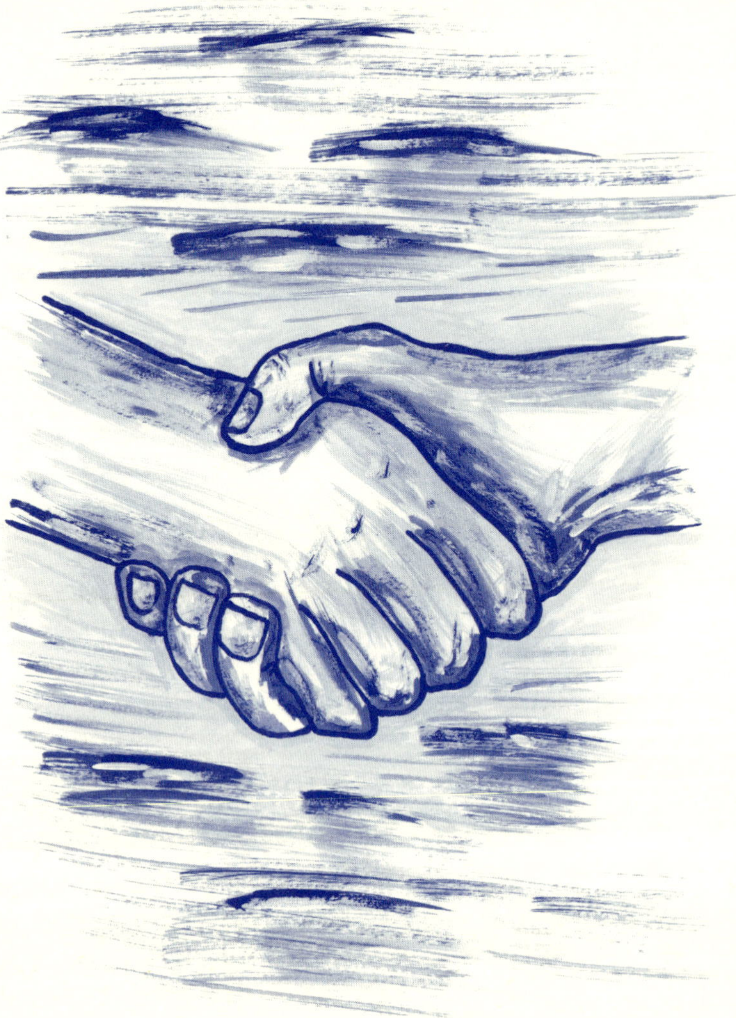

Freundschaft

Nichts auf dieser Welt
dich so am Leben hält
wie Freundschaft es vermag
fortwährend jeden Tag
und sie Kraft dir spendet
sich niemals abwendet
weil sie bedingungslos ist
dich einfach nicht vergisst
ihr Wert ist unbezahlbar
das ist mir nun endlich klar
sie durchbricht alle Schranken
dafür möchte ich danken
dass du sie mir gerne schenkst
wann immer du an mich denkst

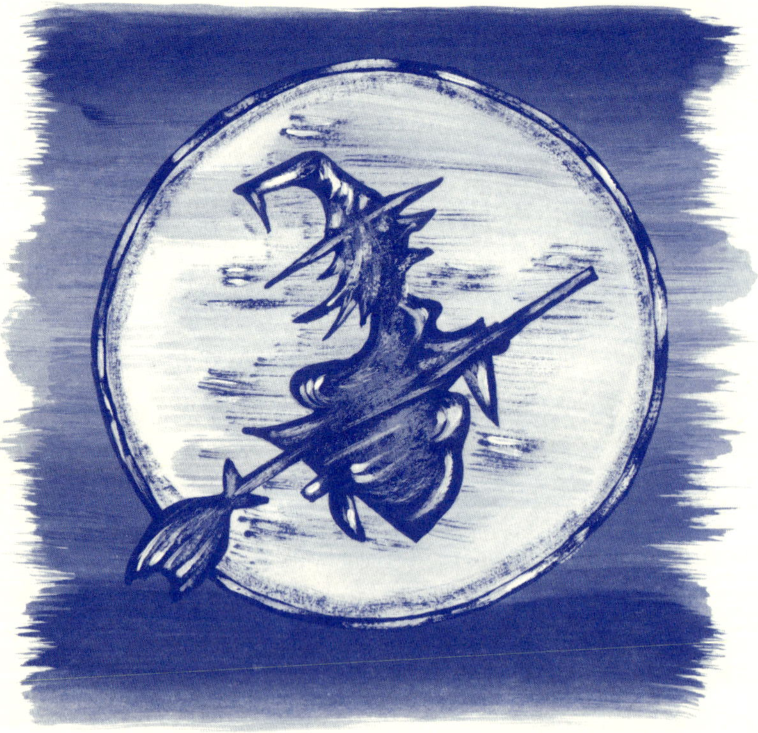

Jetzt erst recht,...

Jetzt erst recht
werde ich mich in die Welt wagen
einfach keine Lust zu versagen
gehe den Weg weiter zielstrebig
Tapferkeit und Mut sind langlebig
mein Ideal ist kein Produkt mit Preis
sondern für diese Welt viel zu dreist
jetzt erst recht werde ich es zeigen
der Himmel hängt doch voller Geigen
weil sich Wille und Wunsch stärker materialisieren
als Zweifel oder Ängste werden je existieren

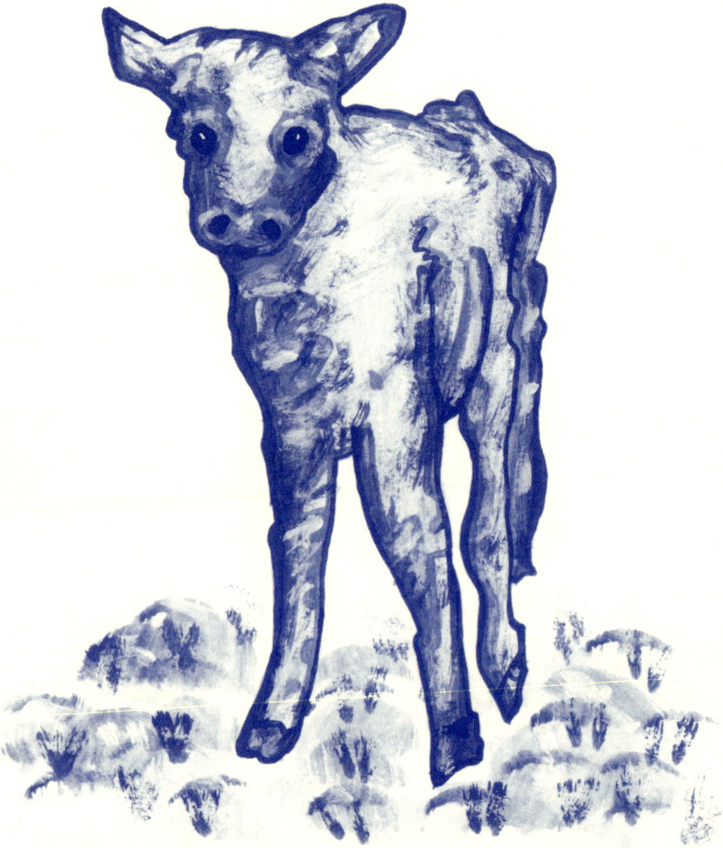

Todesangst

Nur wegen deinem Willen
die Fleischeslust zu stillen
muss ich mein Leben lassen
ich müsste dich hassen
doch schadest du dir nur selbst
wenn du den Glauben behältst
so schnell kann keiner morden
spür all die Angst und Sorgen
die mich jetzt begleiten
wenn sie mit mir schreiten
dem nahen Tod entgegen
mich auf die Schlachtbank legen
diese letzten Sekunden
wo ich mich hab gewunden
werden in meinem Fleische sein
grausam, emotional und rein
als unsichtbares Todeshormon
Auslöser für deine Depression

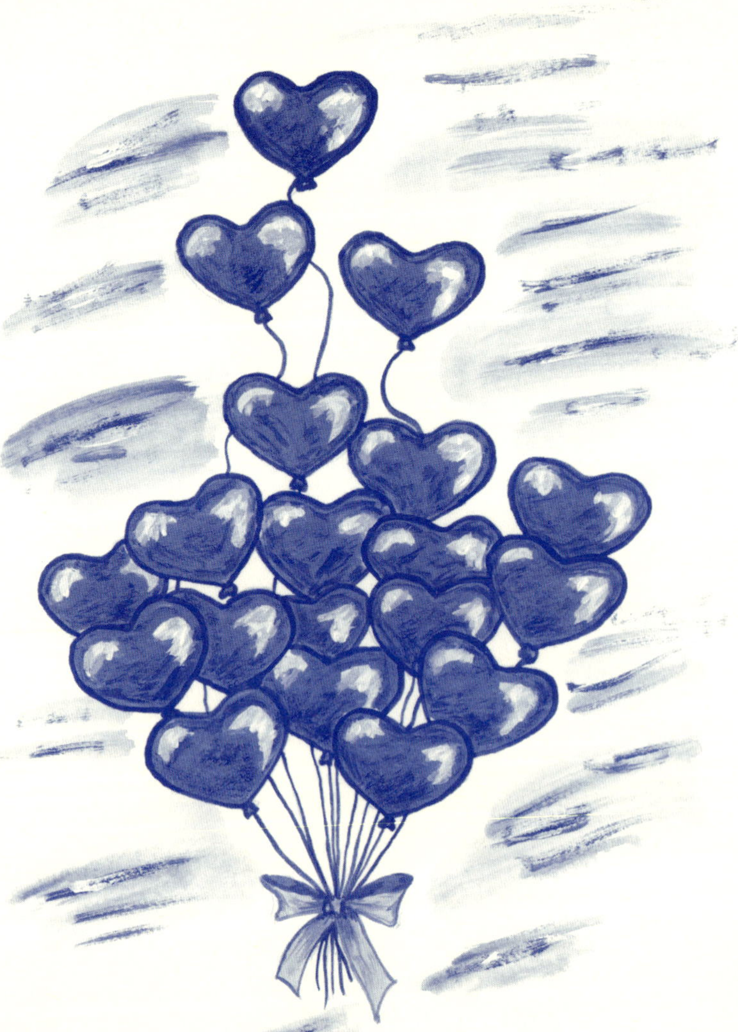

Wahre Liebe

Viele sternenklare Nächte sind vergangen
doch immer stärker wird in mir das Verlangen
dein Lächeln und dein Strahlen wieder zu sehen
deine Berührungen sollen neu geschehen
oft sehe ich uns glücklich in meinen Träumen
wie wir das Leben genießen, nichts versäumen
frei und doch voller Freude schlägt für dich mein Herz
ein Gefühl, so schön, befreit von jeglichem Schmerz
mag das wirklich wahre Liebe sein in mir
obwohl in dieser Realität bist jetzt nicht hier
oder Spinnerei, wie andere meinen
doch alles in mir scheint dies zu verneinen
auch kann und will ich den Verstand nicht nutzen
nur mein schönes Gefühl soll mich hier stützen
keine Phantasie mehr, nur noch Wirklichkeit
komm hole mich bitte jetzt, ich bin bereit
mit dir zu gehen in die Unendlichkeit
bei diesem Gefühl ist es sicher nicht weit

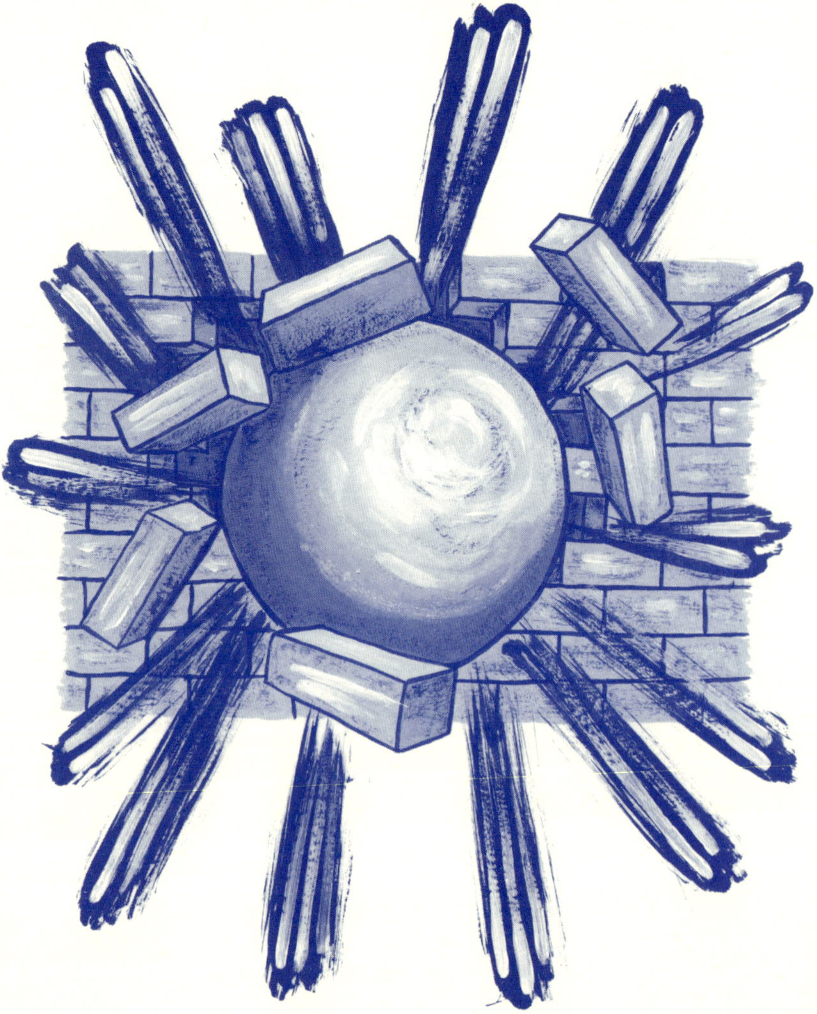

Massen

Massen bewegen sich langsam
sind dadurch unaufhaltsam
tausende verwandte Seelen
treffen, um sich abzuquälen
stark durch den einen Gedanken
der durchbricht fast alle Schranken
ob für den Frieden zu siegen
oder sich alle selbst bekriegen
Gut und Böse ganz verschwindet
wer seinen Platz hier nicht findet
wird in dieser Masse ganz klein
fühlt sich unangenehm allein
Schreckensbilder ziehen vorüber
du willst zum Ausgang hinüber
sie wissen es zu verhindern
versuchst die Panik zu lindern
dem Sog der Macht zu entrinnen
denn ganz tief in dir drinnen
weißt du um diesen Wahnsinn
doch du bist schon mittendrin
die Masse ist dein Begleiter
bis zum Ende und noch weiter

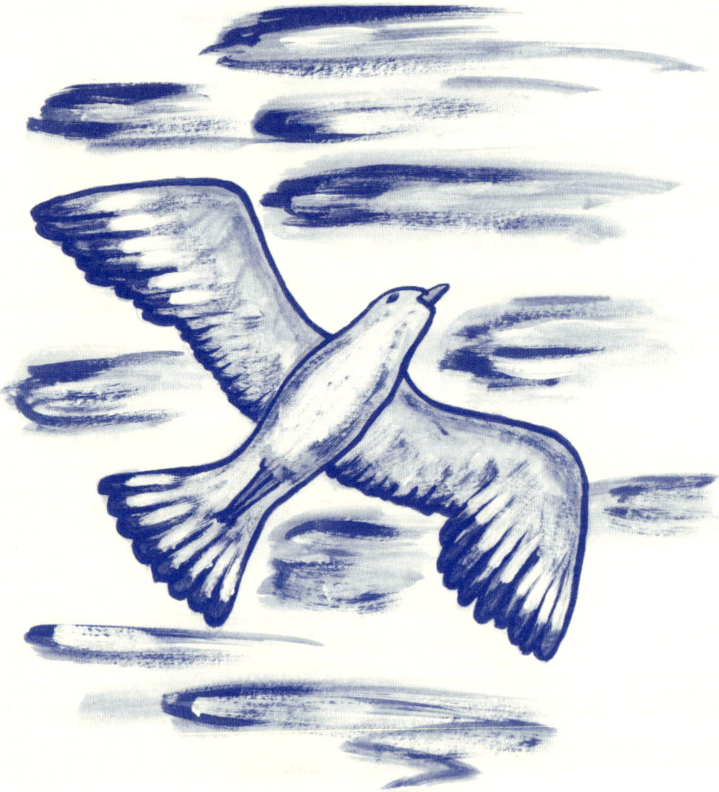

Risiko

Gar nichts zu riskieren
heißt nichts ausprobieren
du wirst es nie wissen
und auf ewig vermissen
stehst dir selbst im Wege
unbeweglich, träge
die Angst deine Hürde
wenn ich doch nur würde
allen Mut genommen
zum Punkt gekommen
der Umschwung bedeutet
dein Ego gehäutet
doch, nur nichts riskieren
könntest alles verlieren
das vertraute Elend heut
auch wenn es wird bereut

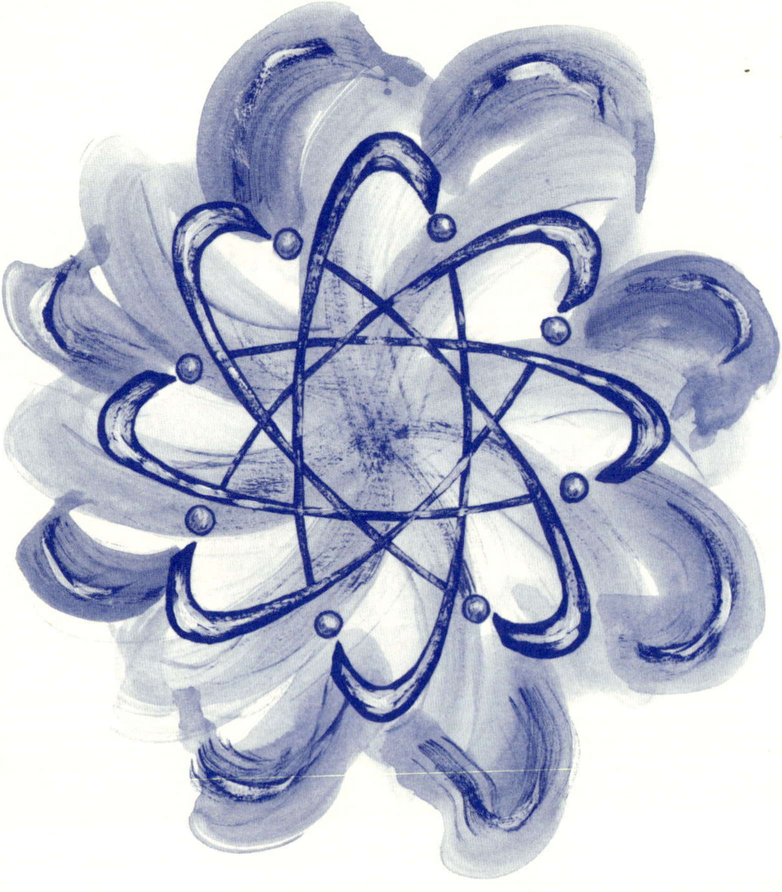

Ich will verstehen,...

Ich will verstehen
warum sich die Erde dreht
wie unser Wetter entsteht
warum ich die Menschen mag
den Unterschied Nacht und Tag
warum Gefühl ist im Herzen
die Ursache von den Schmerzen
warum Träume uns begleiten
den Ablauf der Jahreszeiten
warum Gedanken mich plagen
die Antwort auf all die Fragen

Doch ich will das Leben ehren
keinem dieses Recht verwehren
nie meine Seele verkaufen
und so von mir selbst weglaufen
ins Nichts, dem Ort der Traurigkeit
verstoßen aus der Gemeinsamkeit

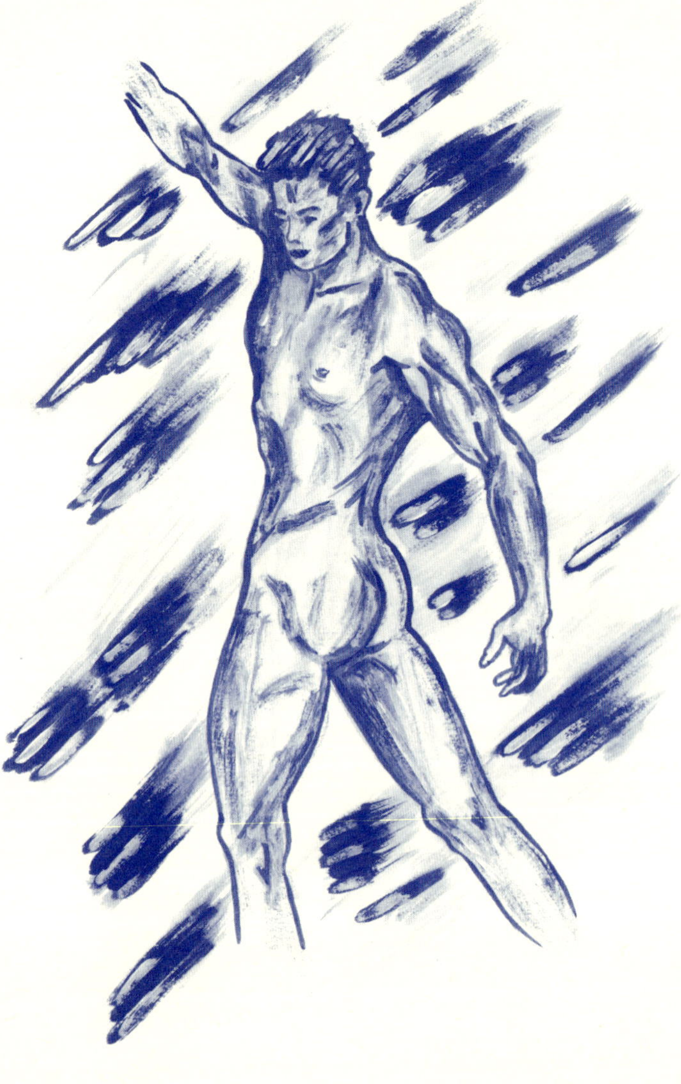

Mit Dir

kann ich meine Träume leben
all die Spinnereien weben
die der Phantasie entspringen
die nie nach außen vordringen
die Wirklichkeit es nicht zuläßt
Gefühle sitzen dadurch fest
mein Herz will sich offenbaren
nicht in Einsamkeit verharren
ich schuf dich in meinen Träumen
um nichts mehr zu versäumen
meinesgleichen und Gegenstück
die Hoffnung auf ein Liebesglück
bist da, wenn ich wohl genieße
entspannt die Augen schließe
fängt unser Tanz von neuem an
lässt keine Zweifel mehr daran
das Träumen gibt mir diese Kraft
welche die Wirklichkeit nicht schafft

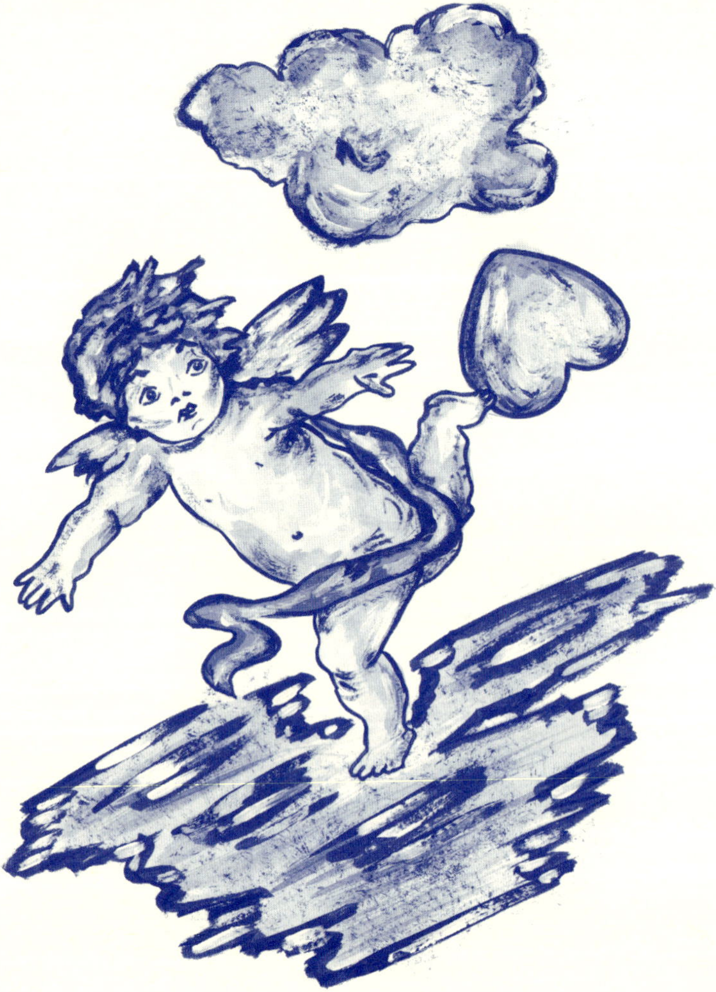

Getäuscht

Ich hätte es ja wissen sollen
dein Gehabe war zu geschwollen
deine Komplimente zu einfach
deine fromme Absicht wirklich schwach
ich glaubte sogar deinen Worten
konnte diese Lügen nicht orten
der Schein mehr als nur wahrlich trügte
trotzdem über eine Macht verfügte
ich den gefährlichen Bann zuließ
der auf keinen Ausweg mehr verwies
drehte mich nur ständig im Kreise
während du verschwandest ganz leise
dann blieb ich ganz plötzlich stehen
sah dich noch in der Ferne gehen
doch es hilft kein Wüten und Grollen
ich hätte es ja wissen sollen

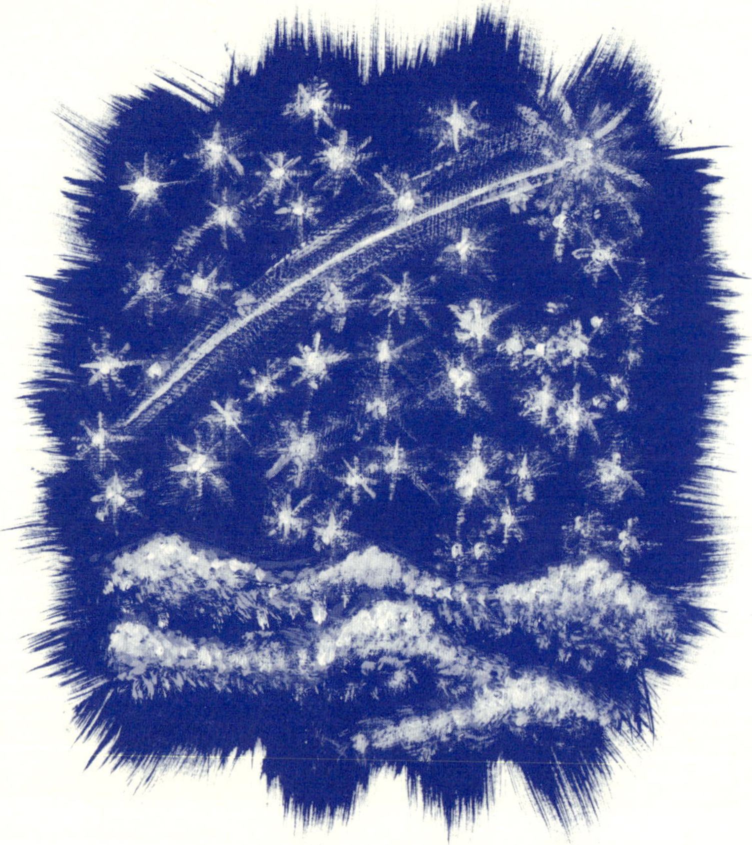

Tausendmal

Tausendmal erlebt
und nichts dazugelernt
tausendmal gefühlt
und nichts dazugelernt
tausendmal getan
und nichts dazugelernt
tausendmal empfangen
und nichts dazugelernt
tausendmal vorausgesehen
was künftig wird geschehen
tausendmal gut nachgedacht
alle Umstände bedacht
tausendmal sich aufgerafft
keine Änderung geschafft
einfach nichts dazugelernt
vom Ziel tausendmal entfernt

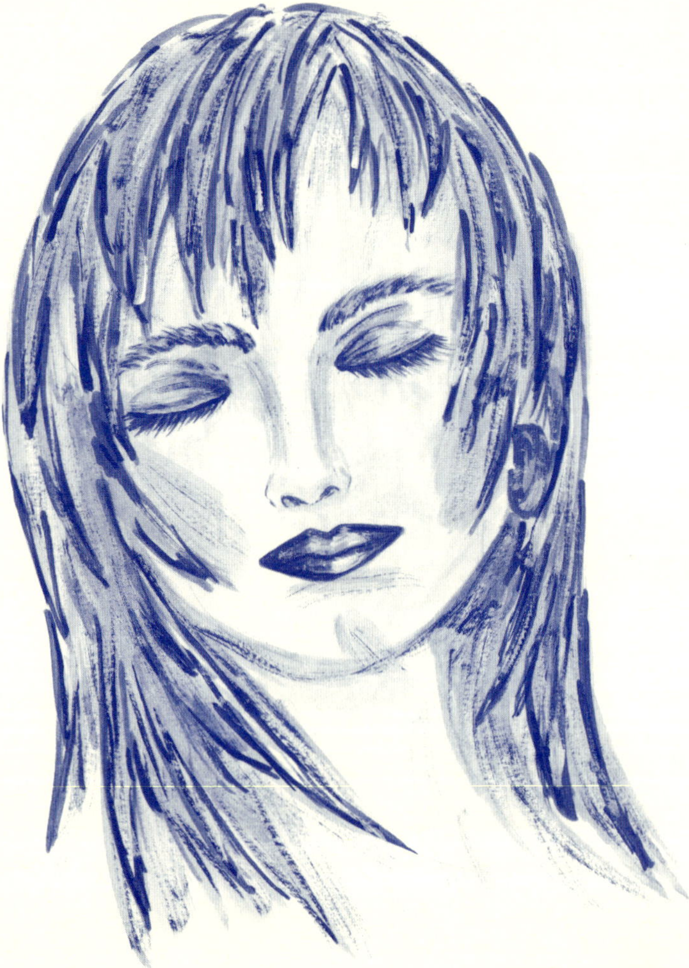

Trügerischer Schein

Wenn der äußere Schein trügt
du dich innerlich belügst
die Einsamkeit dich zerreißt
du es aber genau weißt
schlummert tief in dir drinnen
du gibt es kein Entrinnen
diese Sehnsucht zu lieben
du wirst von ihr getrieben
deinesgleichen zu finden
sich mit ihm zu verbinden
um zu spüren nur ein Stück
von dem wahren Liebesglück
das verspricht Glückseligkeit
in der trauten Zweisamkeit
doch die Angst zu verlieren
wird dich dauernd beirren
jetzt dein Schicksal zu wenden
die Einsamkeit zu beenden

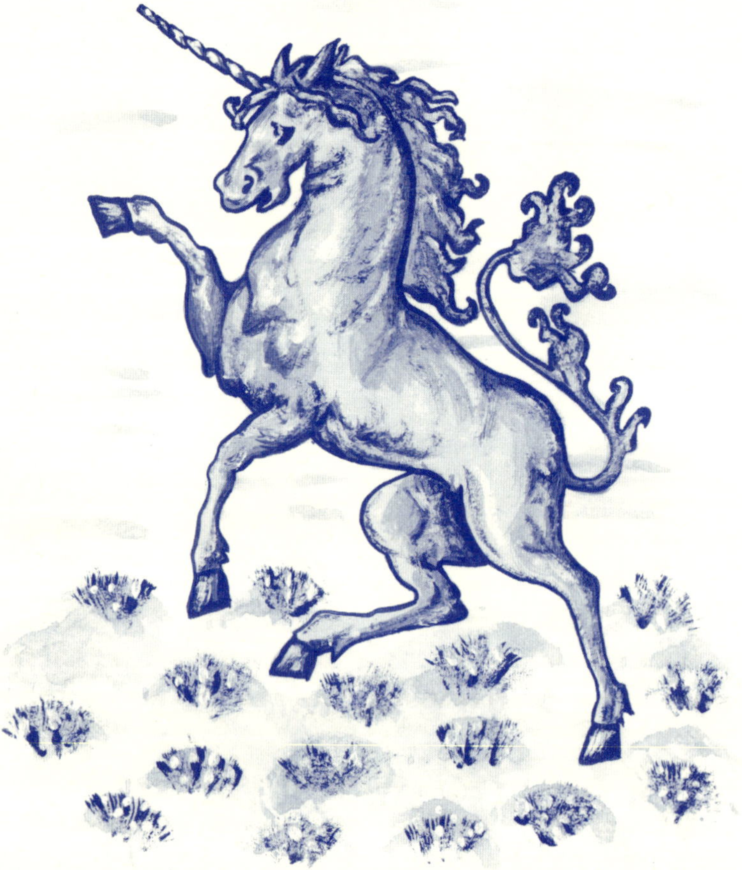

Ich muß nicht.....

Nur weil andere gerne Krieg spielen
muss ich nicht mit ihnen herumdealen
nur weil andere Lügen verbreiten
muss ich nicht der Wahrheit entgleiten
nur weil andere ein Leid ertragen
muss ich keine Krankheit an mir wagen
nur weil andere untreu spazieren
muss ich nicht diesen Weg praktizieren
nur weil andere die Rache wollen
muss ich nicht auf der Blutwiese tollen
nur weil andere ins Unglück gehen
muss ich sie nicht dabei auch verstehen
nur weil andere ihren Hass kundtun
muss ich nicht meinem nächsten Freund weh tun
nur weil andere sich selbst verschließen
muss ich nicht daran kläglich verdrießen
nur weil andere Schranken brauchen
muss ich nicht heimlich untertauchen
nur weil andere das Leben nicht sehen
muss ich nicht völlig im Abseits stehen
nur weil andere anders sind als ich
muss ich nicht glauben, dass sei sonderlich

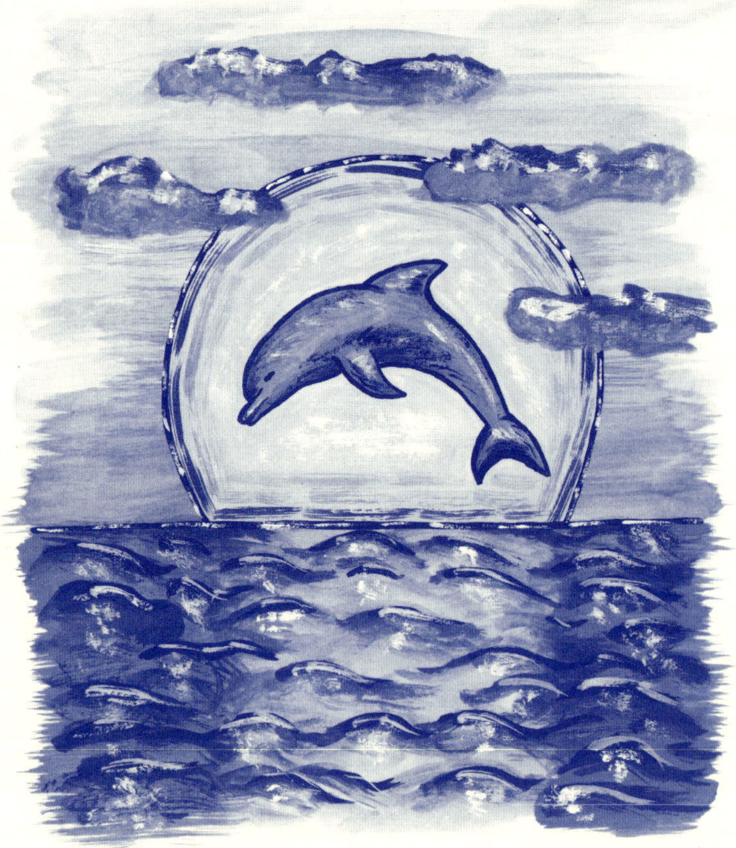